T0149458

SEMILLAS DE VIDA

Luis Alberto Guido

Para realizar pedidos de este libro, contacte con:
Palibrio
1663 Liberty Drive, Suite 200
Bloomington, IN 47403
Gratis desde EE. UU. al 877.407.5847
Gratis desde México al 01.800.288.2243
Gratis desde España al 900.866.949
Desde otro país al +1.812.671.9757
Fax: 01.812.355.1576
ventas@palibrio.com
787669

ÍNDICE

INVITACIÓN

Lo que he incluido en este volumen que tienes en tus manos es una invitación a expresar júbilo, celebración y apreciación a nuestro Creador y su creación. Es una invitación ha hacer un análisis personal sobre nuestro encuentro con la belleza humana, el valor de lo que somos, lo que queremos ser y lo que podemos ser en la vida. Las experiencias en la vida tienen poder para transformar la manera en que recorremos nuestro viaje terrenal. Cualquiera que sean nuestras experiencias de la vida, algunas agradables y otras no muy agradables, aun así, podemos encontrar siempre algo positivo en ellas para una mejor convivencia. El contexto de nuestro mundo actual nos expone a una realidad muchas veces compleja, pero a todos nos corresponde esforzarnos para exaltar la belleza de la creación en todo su esplendor.

Esta colección de escritos poéticos tiene como propósito sacar lo mejor de ti para dar lo tuyo al mundo. Cada escrito encierra un misterio y surge de las ideas encontradas en los colores, formas, sonidos, sentimientos, emociones y deseos siempre conectados al poder de nuestra harmonía con el universo. La lectura poética tiene el beneficio de inducir a una calma interior que aviva las emociones, sentimientos y deseos que nos ayudan a percibir la vida con madures y gratitud. Esta armonía interior es el resultado de un activismo radical necesario para cambiar lo que se necesita cambiar en la vida, siempre comenzando con nosotros mismos. Este trabajo no intenta permutar el carácter, actitud o condición emocional del lector para que cambie. Claramente está hecho como invitación a disfrutar con mayor intensidad de la riqueza divina, espiritual y humana. Son escritos que exponen algunas de las cualidades positivas del pensamiento humano, de nuestra relación con lo sencillo y fundamental de la vida, lo simple y lo bello de las palabras que surgen del pensamiento que es alimentado por lo que se ha visto, sentido y escuchado en nuestra existencia. Te invito a disfrutar el libro y abrir los ojos de tu corazón para que seas parte de este mundo.

LAG

QUE TE ENCUENTRE

Señor nuestro creador de cuanto existe,
cuando te busco y te encuentro,
tú me ayudas a ver
que las cosas buenas
que en el mundo existen,
tú nos las diste,
para que en ellas yo encuentre motivo
de seguirte buscando,
y cuando te encuentre,
nunca vuelva a perderte.

FLORECE LA BELLEZA

Lo que vemos,
lo que escuchamos
y lo que sentimos,
alimentan la imaginación;
una fábrica de ideas,
donde florece la belleza del arte,
lo que alimenta el alma y el espíritu.

LO QUE HACÍA FALTA

La creación entera se alegra
porque fuiste creada para ella
como una promesa para el universo.
Has llegado y eres lo que hacía falta
para embellecer el horizonte del infinito.

ESE ERES TÚ

Un día el discípulo un poco desconcertado preguntó,
Maestro, «¿Cómo puedo descubrir quién soy?»
--Al despertar, ¿Cómo te sientes?
¿Cómo vas a actuar?
Recuerda que no depende de cómo te sientes.
Todo depende de lo que haces por los demás.
Ese eres tú.

MÁS HUMANIDAD

Las situaciones difíciles de la vida,
nos exigen una acción más humana.
Si tú puedes, se más humano.
Los asuntos complejos de la vida,
nos demandan una acción más justa.
Si tú puedes, se más justo.
Las experiencias dolorosas de la vida,
nos piden comprensión.
Si puedes tú, se más comprensivo,
más justo, y más compasivo.
Así, en el mundo se encontrará más humanidad.

PODER Y VOLUNTAD

El viento, es la voluntad que somete el poder del mar,
domina el huracán y transforma la tormenta del océano.
Es el poder que somete la lluvia,
la arroja a los campos.
Con su poder, muda los campos y llanuras,
colinas y montañas,
los transforma en bellos horizontes.
Desde el Oriente hasta el Occidente,
el poder del deseo y la voluntad crea
anhelo y esperanza.

GRANDIOSO

Es grandioso ver como el rocío
y la brisa de la mañana
logran transformar lo que nos rodea,
Es grandioso también ver
como una sonrisa y un buen juicio
pueden transformar lo que nos rodea.

RIESGO

Existir requiere riesgo
y vivir es la realidad de la búsqueda
y entrega necesaria e
indispensable
para pertenecer
y ser del mundo.

SALIR A LA VIDA

Salir en busca de un amanecer,
así como disfrutar de un atardecer,
no es solamente para sentirse bien,
es para darle sentido a la vida.

EL RITMO DE FUEGO

El corazón da vueltas alrededor del alma,
el alma le canta al amor,
el amor le da aliento a la vida,
y la vida le agradece al corazón
por su sinfonía de latidos al ritmo
del fuego.

POR TODO LO BUENO

Al final del día,
por todo lo bueno que pasó
de todo lo bueno que se vio,
por lo bueno que se logró,
de todo lo bueno que se sintió,
por todo lo que llegaste a ser tú,
el mundo satisfecho está.

EXALTACIÓN

Exaltación
en los niños,
es una descarga expansiva de regocijo,
risas y gritos.
En los enamorados,
es un beso y brazo efusivo.

En los abuelos,
es emoción, arrebato, canto de ternura
y recuerdo que vence al olvido.

EN ÉL

En nosotros está el impulso de las inquietudes,
el ímpetu de los pensamientos,
el deseo de las ideas.

En Dios se está la perfección y sabiduría
que nos guía y auxilia en la grandeza de la vida.
En Él está el amor que nos enseña y corrige,
las palabras que nos alientan e iluminan
para dar siempre un paso más.

HOY EN EL MUNDO

Hoy en el mundo una niña pobre descubrio
una gota de luz y luego sonrió,
una bellza canción su corazón encendió.

Una expresión de amor
que alivia su cuerpo cansado,
una expresión de fe, sana su alma herida.

POR TI

Hoy agradecemos al Creador
por los que caminaron con nosotros con entusiasmo,
por los que nos acompañaron con locura,
por los que nos guiaron con ternura,
por los que nos corrigieron y animaron con cariño.

LA SANTIDAD

Gracias por el agua, el mar, lagos y ríos;
por las plantas y animales;
gracias por todo lo que nos impulsa ha vivir
es el encuentro y realidad de la santidad,
es silencio y oscuridad de la vida y la fe.
A algunos asusta, a otros purifica,
y a otros santifica.

ORACIÓN A LA VIRGEN

Virgen María de Guadalupe,
tú eres una señal verdadera del amor de Dios
En ti encontramos refugio y alivio
Todos los días, anímanos
En cada viaje, acompáñanos
En nuestro trabajo, asístenos
En nuestras familias, guíanos
En nuestros estudios, aconséjanos
En los deportes, aconséjanos
Tú eres presencia divina convertida en alegría
Madre de Dios, en el dulce brillo de tus ojos
está el cariño de nuestro Dios por quien se vive.

QUE CREZCA

Con optimismo y valor nacen
los grandes cambios.
Salir a cuestionar lo que provoca
e incomoda a un mundo cómodo,
te puede llevar al Gólgota.
Con miedo ha arriesgarse,
todo intento de cambio
queda en una memoria,
ilusión y buena intención.
Con la esperanza en el corazón se puede
resistir el desierto árido de lo injusto para que
nazca y crezca lo que sembramos.

SOBREPONERSE

Maestro, "«¿Qué es la libertad?»
--«La libertad es sobreponerse a las
ataduras sociales de lo superficial».

LEVANTA TUS ALAS

Con viento y marea,
para el poeta y el escritor,
las letras son su remo,
para el Maestro y el sabio
el viento es su aliento.
Para el viajero, el cielo es su espejo,
y la tierra es su morada
donde levanta sus alas.

¿TÚ QUÉ PROPONES?

El cielo alimentó la tierra con lluvia fresca,
¿Con qué la alimentas tú?
A las abejas y plantas con miel sabrosa;
¿Son tus ideas y proyectos de paz y amor?
A nosotros nos alimenta con sabiduría y conocimiento.
¿Qué tienes para proponerle al mundo?

LEVANTA LA VOZ

Levanta tu voz,
habla con el viento,
habla con la lluvia,
habla con el rio,
habla con los arboles,
habla con el mundo,
no estás loco.
Háblale a Dios,
que te oiga la creación.

PARA VIVIR

De los nueve meses
en el vientre de tu madre,
gracias a Dios,
no han sido en vano.
El tiempo abraza con fuerza,
no lo rechaces,
como a la fruta,
te hará madurar y te llenará de vida.
Naciste para vivir,
crece para vivir, vive para crecer.

LE PEDI

A Dios le pedí dulce para comer,
me dio un limón para beber.
Le pedí un bosque para meditar,
me dio un desierto para caminar.
Le pedí una casa para vivir,
me dio una barca para navegar.
Le pedí una briza para mi alma,
me dio fuego para luchar.
Gracias Dios por lo que me das.

TIEMPO

Precioso y sagrado es el tiempo,
lo queremos y lo deseamos.
Es formidable
Cuando lo anhelamos lento, va rápido,
Cuando lo queremos rápido, va lento.
El tiempo lleva una dirección,
nadie sabe si va o viene.
Es enorme y es pequeño,
no se ve ni se siente.
Nos otorga tiempo para
la imaginación, para concebir
y para vivir la realidad.

IR MÁS ALLÁ

«Maestro, cómo puedo hacer más de lo que ya he hecho»
--«Adquiere la humildad para que veas
más allá de lo que ya has visto.
Explora más allá de donde ya has estado.
Luego, con humildad regresa de nuevo a ti
para que puedas ir más allá de ti otra vez».

LA PAZ

No queremos una paz huérfana,
que la paz encuentre una madre,
que la paz encuentre un padre.
Seamos las hermanas y hermanos de la paz,
que la paz encuentre una familia,
del horizonte surja de nuevo la paz.
De los rincones brote a la vista de todos.
Que la paz encuentre refugio en la libertad,
la generosidad, la humildad y la compasión.
Que la paz no quede huérfana.
Cultívala.

HOY

La noche promete oscuridad, estrellas, luna y descanso,
Tú a cambio, ofrece tú oración y conversación
profunda con Dios.
Que hoy, como ayer,
tu deseo sea intenso,
para que mañana cedas belleza,
esperanza y fortaleza.
Hoy desea y abraza la belleza.

SILENCIO

El silencio lo encuentras en el abrazo
y el beso que das al universo.
El silencio es una explosión astral,
es la mirada que se pierde en el infinito buscando a Dios.
El silencio viene cuando crees que ya ha terminado todo
y el cielo manda la última gota que toca tu piel,
enciende el camino de la gloria
y renueva el estruendo de tu ser.

LO QUE SABEMOS

«Maestro, usted sabe mucho».
--«No, yo no se nada. Como apuntó Isaac Newton:
Lo que se es una gota en mis labios.
Lo que no se es un océano».

PARA HABLAR CON DIOS

Se dice que un niño que reía, por accidente
absorbió una hermosa mariposa de muchos colores.
Y por sorpresa, le ayudó a abrir la ventana de su corazón
para tener muchos amigos,
le abrió los ojos y pudo ver la luz
de sus ideas y sus sueños.
Le abrió los labios mudos para hablar
con a su madre, con su padre
y con Dios para decirles de las cosas que le gustan,
de las que no le gustan y no entiende del mundo.

ENTREGATE

Entrégale a Dios tu cansancio, tu fatiga,
tu temor y tu desgaste.
Que Él te levante, que toque tu alma,
Deja que escriba en tu corazón la historia de amor.
Deja que corra en ti en viento y las aguas de su mar,
y te llevan ha amar.
Deja que recorra en tu corazón
los caminos de la antigua Jerusalén,
Galilea y los campos de Nazaret.
Que te lleve con valor al Monte de los Olivos
y llegues a las colinas del Gólgota,
a la gloria, gracia y vida de la Cruz.

TIERRA BUENA

Señor, creador y maestro,
haz que seamos tierra buena,
tierra fértil para dar buenos frutos.
Haz que seamos agua buena,
suave y limpia para calmar la sed del mundo.
Haz que seamos vientos nuevos,
vientos de esperanza.
Haz que seamos luz visible y verdadera,
luz que en el mundo renazca un nuevo día,
para un nuevo despertar.

DALE NOMBRE

El primer pensamiento y deseo del día,
siempre son las primeras palabras
que debes buscar que te den alegría,
para creer, para atreverte ha pensar
que hoy es advenimiento de la revolución que hay en ti.
Pensar que puedes darle nombre a la primavera;
ponerles nombre a los caminos que has recorrido;
nombrar las colinas, los montes, las nubes y las estrellas;
que sólo Dios lo sabe por que Él estuvo aquí y te dio permiso.

CELEBRA

No tengas miedo de ser dicha y fiesta hoy,
no tengas miedo, que hoy puedes agitar las alas,
de agitar el viento, de volar, pues después de hoy,
nos queda el resto del aire, el resto del sol,
el resto del agua y el resto de la vida,
hasta mañana volver ha celebrar hoy.

QUE NUNCA FALTE

Llegan las nubes y llegan las aves.
Que nunca falte el agua.
Sale el sol, que nunca falte la lluvia
Llega la lluvia, que no falte el sol.
Hay lluvia, que nunca falten las plantas.
Hay plantas, que nunca falten las flores.
Hay flores, que nunca falten las frutas.
Hay frutas, que nunca falten semillas.
Hay semillas, que nuca falte la vida.
Hay vida, que nunca falte quien quiera vivir.

VENCE EL MIEDO

La noche nos da sueños, el día nos da realidades;
de los sueños y realidades nace el valor
para cambiar nuestro mundo.
Así como el árbol que no tuvo miedo y se puso feliz
cuando se le calló la última hoja y aprendió a dejar ir.
Con valor, se renueva la creación, la memoria,
los sueños y el esplendor del día son el triunfo de mañana.
Se vence el miedo para abrir la boca
y beber el agua que calma la sed,
beber del tiempo que sostiene toda la creación.

REÍ PARA OLVIDAR

«Maestro, hoy lo vi reír, llorar y dormir».
--«Si, reí para olvidar el dolor de ayer,
lloré para no llorar mañana
y dormí para soñar al Señor».

ES PARA TI

Estar despierta y distinguir entre lo toxico y lo puro,
entre lo divino y lo superficial.
Alegrarte de la alianza del cielo y la tierra
que fue hecha para ti.
Eres dichosa por despertar a la grandeza de la tierra.
La tierra fue hecha para ti, no la desprecies.
La tierra fue hecha para recorrerla,
quererla y amarla.
Grande es la dicha que tú eres para la tierra.

LA VOZ DEL SEÑOR

--«Maestro, ilumíname para que yo pueda
escuchar la voz del Señor»

--«Escucha la voz del viento, de la lluvia, del día, de la noche,
del desierto, del bosque, del mar, no la ignores.
Esa es la voz del Señor. Así iluminaras tu vida».

VOLVER A NACER

El tiempo parece apuntar ha una postura de ataque,
de defensa, de pelea, de lucha;
la vida no es una alegoría,
una fábula o una historia de imperios o reinados;
es una historia del pasado y del presente
que repite el mismo sol y la misma luna,
es un territorio que exige proponer,
mas no imponer; un lugar del que surgimos
para sembrar y no para arrancar,
vivir para volver a nacer, y nacer para volver a vivir.

EL AUXILIO

Un día el discípulo encontró al maestro llorando y le preguntó:
--«¿Qué dolor le aflige Maestro?»
El maestro respondió:
--«Ningún dolor me aflige, lloro para no pecar,
pues cuando lloro, el Señor viene en mi auxilio».

TESORO

Naturaleza y belleza,
Fuente inagotable de inspiración,
Arte que fecunda el corazón,
Tesoro valioso de la vida que acierta ante las adversidades,
Alimenta el alma y vence la oscuridad.

ESTÁ EN TÍ

Lo que vemos,
revelan los misterios de la imaginación;
Lo que escuchamos
le da vida a una fábrica de ideas;
Lo que sentimos,
donde florece el brillo del del Norte, el gozo del Sur,
la felicidad del Este y la paz del Oeste.

BUENA RECETA

--«Maestro, deme una buena receta».
--«La calidad de tus amistades, no la cantidad,
es una buena medicina para un presente feliz
y un futuro saludable».

LOS MISTERIOS

Por naturaleza y esencia existes
porque eres buena noticia para la creación.
Eres el aliento y la palabra del amor.
Todo lo que existe entre el cielo y la tierra
con tus manos bendices.
Por los misterios de la noche y los milagros del día,
eres naturaleza y esencia viva para amar.

LO MÁS IMPORTANTE

El discípulo preguntó:
--¿«Qué es lo más importante de la vida,
dormir o comer?»
El Maestro le dice:
--«Lo que logres dejar de hacer primero,
eso es lo último y lo otro será lo primero.
Eso es lo más importante».

VALOR Y CALMA

Si te has liberado has dejado el ayer,
Si te has liberado ya sabes que hoy fue el mañana de ayer,
mañana será hoy y el hoy es el futuro.
De eso nadie se puede liberar,
vivir queriendo saber si fue ayer,
es hoy o será mañana.
Como las plantas crecen para envejecer,
crecen sin miedo venciendo el viento de ayer,
el calor de hoy y tormenta de mañana.
El valor y la calma son la riqueza de ayer, de hoy y mañana.

SIGUE

....

Camina,
con un motivo para alcanzar la armonía.
Adelante,
avanza con valor a lo alto de la esperanza.
Otro paso,
siguiendo más allá con paciencia consiguiendo la paz.
En alto,
con fe continúa cultivando la generosidad.
Llega,
con hambre de vivir con pasión lo que aun falta.

PAUSA

Hay que parar el tiempo
y hacer una pausa;
para escuchar lo que no hemos dicho,
para ver lo que no hemos visto,
para hacer lo que no hemos hecho,
y para ser lo que no hemos sido.

IMPETU

En nosotros está e impulso de las inquietudes
el ímpetu de los pensamientos,
el deseo de las ideas,
de Dios viene el acierto y la sabiduría
que nos guían en la grandeza de la vida.

CRISTO NEGRO DE ESQUIPULAS

Señor nuestro de los milagros
que acompañas a tu pueblo por el camino
de la vida.

Imagen viva del amor de Dios,
Tú que iluminas los corazones
de tus fieles.
Nunca abandonas el camino
de tus peregrinos
Siempre fieles.

Enciende la luz en el camino
de nuestro destino,
tú que eres origen
de todo lo que es bueno.

Los ángeles cantan un canto divino
Deja que nosotros también
con alegría cantemos para ti
lo hermoso que es tu rostro divino.

Cristo Negro de Esquipulas,
tu cruz, providencia del Creador.
Eres sanación de nuestros dolores
pan que calma el hambre y la angustia
del corazón.
Eres pasión viva de Dios para el peregrino.

FRENTE A LA VIDA

Frente a frente, en la vida.
Es satisfacción de lo que fuimos,
es virtud de lo que somos,
bendición y dicha de lo que seremos.

HABLA

Cuando nos vemos al espejo,
parece fácil y parece difícil,
el pasado es silencioso,
el presente es escandaloso
y el futuro es mudo.

LIBRE

El discípulo:
--«¿Qué debo hacer para ser libre?»
El Maestro:
«Serás libre el día que dejes de ocupar el mismo lugar
y se lo dejes a otro».

HEREDEROS

No somos dueños,
solamente herederos;
con derecho a construir,
con derecho a perdonar,
y con derecho indeleble a transformar.

PREGUNTÉ

Ayer le pregunté al Señor:
--«¿Qué quieres de mí?»
No me respondió.
Hoy el Señor me contesto:
--«¿Qué quieres de mí?»
No supe qué responder.

PIDE AYUDA

--«Maestro, ¿Cómo puedo saber que Dios existe?»
--«Parte el mundo por la mitad y veras a Dios».
--«Pero no puedo partir el mundo por la mitad».
--«¿No puedes o no quieres?»
--«Las dos cosas».
--«Entonces pídele a Dios que te ayude».

FELICIDAD

La felicidad no depende únicamente de los logros,
si así fuera, nadie sería feliz.

El que vive pensando en premios no ve más que lo suyo,
porque quiere más que los demás.

La felicidad depende de los logros hechos por el cansancio
del amor a los demás.

VOLVER A VIVIR

Las plantas, por amor a la creación
desde que nacen tienen un proceso constante de crecimiento,
embellecen al mundo,
después muren para volver a vivir.

Las personas, por amor a la creación
desde que nacemos tenemos un proceso
constante de crecimiento,
para embellecer al mundo,
para después morir y volver a vivir.

LA CASA

Preguntó el discípulo:
--«¿En dónde vives?»
El Maestro dijo:
--«En el mundo, es la casa más bella del universo».

APRENDE

En cierto día el discípulo, ya cansado de aprender,
le dice al Maestro:
--«¿Qué más puedo aprender?»
Respondió el Maestro:
--«Aprende ha ser niño, que no sabe leer ni escribir,
pero es feliz».

ES UN DEBER

En el día los rayos del sol
gratuitamente bañan tu ser.
Dormir es un derecho.
Por la noche las estrellas
sin reclamar refrescan tu sueño.
Estar despierto es un deber.
Por la mañana despiertas de nuevo
y el sol sin protestar toca tu piel
y luego de nuevo de noche las estrellas
sin irritarse alimentan tu sueño.
Vivir es un deber.

NAUFRAGIO

El naufragio más agresivo y peligroso
y la cima más alta y difícil,
están en el corazón.

LOCURA CÓSMICA

La noche se hizo para adornar el día,
y el día se hizo para iluminar la noche.
La belleza de la oscuridad a la que le llamamos noche
para unos es una locura.
La grandeza de la luz del sol
a la que le llamamos día para otros es
el arte más perfecto de la creación,
una locura cósmica.

AMOR

--«Maestro, se dice que el amor no tiene forma ni color».
El Maestro:
--«Si el amor tuviera forma o color estaría corrompido».
--«¿Por qué?»
El Maestro:
«Porque no hay forma ni color perfecto.
El amor del Creador es puro y verdadero,
tiene el poder de corregir los errores del
color y la forma de la vida».
«El amor puro le da plenitud verdadera
al color y forma de la vida».

VIAJES IMPORTANTES

Hay un niño que es feliz por los viajes más importantes
y bonitos que ha hecho en su vida,
han sido aquellos tomado de la mano
de su mamá a la escuela, al parque y a la iglesia.

PODER

Los rayos, la lluvia y la tormenta proclaman su poder.
Los ríos, los lagos y los mares anuncian su excelencia.
Los cielos y la tierra reclaman su trono.
Los animales y creaturas del cielo,
los mares y la tierra piden una tregua.
El ser humano exige, pide, demanda y pelea perfección.
¿Quién es el poder que cuidara de la creación?

EN TI

Todo cabe en la mano,
un mar de amor,
un lago de esperanza,
un rio de gracia,
una lluvia de fe.
Todo cabe en la mente,
un centenar de ideas,
un número de ideales.
Todo cabe en el corazón,
mil sentimientos,
grandes deseos,
un universo de culturas.

CORRECCIÓN

Cuando la vida nos corrige.
Cuando se nos corrige de niños,
guardamos silencio.
Cuando se nos corrige de jóvenes,
creemos saber todo y abrimos la boca.
Cuando se nos corrige de adultos,
abrimos la boca y hacemos una revuelta.

¿QUÉ ES?

«¿Qué le pasó hoy?» Preguntó el discípulo.
El Maestro: --«Abrí los ojos y la boca».
--«¿Y eso qué es?
--«Que tengo vida y aliento».

VIDA DISTRAIDA

Tener miedo al olvido,
tener miedo al silencio,
tener miedo al rechazo.
Eso es tener una vida distraída.

JUEGO

De niños jugamos a la vida,
de jóvenes creemos tener toda la vida
y de adultos, intentamos cambiar la vida.

SURGIR

Como la semilla y el grano necesitan de la tormenta
y la luz para salir y surgir para enfrentar la vida;
así nosotros también necesitamos de la tormenta y luz
de su palabra para surgir y salir para enfrentar la vida.

PODER DIVINO

Ser iluminados por sabiduría y la luz del Creador
es descubrir que en nuestra vida el comienzo
y el final del camino
es el mismo destino,
el amor y a la fuerza divina.

SERVIR BIEN

No decir todo lo que piensas es hablar bien,
y pensar bien lo que dices es servir bien a la razón.
No desprecies tu corazón.
Dale la oportunidad a la razón.

NUESTRA CONDICIÓN

En nuestra condición humana
encontramos la voz verdadera que nos comunica
entre unos y otros.
Las cosas más sencillas que logramos
de la vida son un triunfo para
para superar lo ridículo, con lo bello que hay entre unos y otros.
Sintonizar nuestros anhelos para superar la distancia
que hay entre unos y otros.
Nos esforzamos para superar en silencio y en ruido
lo que existe entre unos y otros.
Esta es nuestra condición humana.

LO QUE HAS DE HACER

--«Maestro,
hoy he decidió que nadie me va ha decir
lo que tengo que hacer».

--«Te equivocas,
pues desde el momento que naciste
la vida te seguirá diciendo lo que tienes que hacer».

DE LO MEJOR

De lo mejor de nuestro pasado
crece lo mejor de nuestro presente,
y de lo mejor de nuestro presente
florece lo mejor de nuestro futuro.

LO QUE SEMBRAMOS

En el universo surgen los planetas y las estrellas,
en el bosque nacen los árboles y animales,
en la ciudad aparecen los edificios, los carros y el ruido.
En el corazón, nace lo que sembramos.

EL LIBRO DE LA VIDA

El discípulo preguntó al Maestro:
--«¿Por qué solamente lee una pagina
al día del Libro de la Vida?»
El Maestro:
--«Cuando leo del Libro de la Vida,
es para entenderme a mi mismo,
y me toma tiempo entenderme».
«Es por eso que leer una pagina ya es demasiado.
Para entender y saber más de la vida,
dejo el libro y salgo en busca de la vida».

BELLEZA Y NATURALEZA

La belleza y naturaleza,
son fuente inagotable de inspiración
que fecunda el corazón,
es la verdad que alimenta el alma
y hace crecer el espíritu.
de donde brota el arte
Belleza y naturaleza,
el arte de la habilidad
que vence la adversidad.
El arte de la justicia y solidaridad
Belleza y naturaleza, el arte incansable de amar.

LO QUE DIOS TE DIO

Hoy se te ha dado,
suficiente distancia para recorrer
suficiente tiempo para establecer
suficientes experiencias para compartir
suficientes amigos para alegrarte
suficientes dones para actuar
suficientes razones para vivir.

EL MUNDO DE AYER, DE HOY Y MAÑANA

La existencia, la distancia entre nacer y vivir.
Nuestro pasado fue otro mundo,
el que fuimos
El presente es nuestro nuevo mundo,
el que somos
El futuro es el otro mundo,
el que seremos.
El camino lleva al mismo destino del poder divino.

MADRE

La madre es madera de roble
Es luz bella y fuente del volcán
Es creatura y regalo del silencio
Es compañera, siempre fiel del valor
Es alimento de las virtudes y esperanzas
Es voz que musita historias del tiempo
Es presente, pasado y futuro
Es fuego del cielo en la tierra
Es historia de estrellas, galaxias en el mundo
Es hermosa creatura, regalo del Creador
Es excelencia del día y la alegría
Es camino y tiempo infinito
Es semilla, fruto y triunfo indeleble
Es joya y esmeralda del alma enamorada.

VERDADERA BUSQUEDA

La serenidad es más que una idea de la mente,
es la verdad que brota del alma.
La paz es más que un deseo del corazón,
es la habilidad de vencer la adversidad.
La justicia es más que un pensamiento de solidaridad,
es la búsqueda incansable del amor.

TIEMPO PARA DESEAR

Si sabes que la salida del sol es un día más,
se oculta y vuelve a salir,
esa experiencia nos da una meta más
que nos ayuda ha reconocer la fragilidad de la vida
ante la grandeza de este mundo.
Se abren de nuevo nuevas metas
y otras puertas para confrontar realidades.
En el tiempo que el sol está oculto,
la noche nos dan tiempo de encontrar otros motivos
para confiar; nos da tiempo para desear y para crear.

CONQUISTA

Todos deseamos llegar mucho más allá,
a lo más lejos, a lo más alto;
queremos alcanzar lo más bello
y decimos que es llegar a la cima de la vida.
No siempre se llaga a donde se quiere llegar
y lo que encontramos es el tiempo olvidado.
En el corazón encontramos tratados del tiempo.
Nos queda el consuelo de creer que lo recuperamos,
pero sabemos que ya no nos pertenece.
Nuestro esfuerzo es lograr conquistar
la cumbre de nuestra misión.
Es imagen y reflejo de nuestro anhelo e ilusión
por lo que hay más allá, lo más lejos,
lo más alto.
Buscando siempre las mejores
posibilidades de nuestra rebelión.

HACER, TENER O SER

HACER

Para lograr hacer, constantemente nos desvelamos mucho,
nos cansamos y nos inmolamos queriendo forjar mucho.
La meta principal es hacer mucho,
la lista de todo lo que nos gustaría hacer es larga y agobiante.

TENER

Para tener, muchas veces nuestra existencia circula
en las cosas que se pueden obtener,
la lista puede larga desgastante y absurda.

SER

Ser, es la más difícil de las obras.
Ser no depende de lo que tenemos o lo que hacemos.
Ser se enfoca primero en lo que se desea ser;
entonces, harás y tendrás lo que eres.
La idea de ser, para muchos se refleja en sus
ideas y proyectos de sembrar buena semilla,
para que mañana el mundo tenga
cosechados nuevos y mejores frutos.

TREGUA CON LA VIDA

En un canto, en un poema,
en palabras de rebeldía,
de liberación, de urgencia,
como el águila que vuela alto,
en silencio marca el horizonte
se enciende el espíritu de los sueños.
Como el sol que todas mañanas se libera
cuando sale del puerto del horizonte,
tú, libre, despunta,
buscando tregua con la vida
para que puedas volar alto,
en el cielo, marcando tu camino.

LA MOCHILA

En su espalda lleva cargando una mochila,
él sabe que es más que una mochila.
La mochila la carga con mucho amor,
pues es todo lo que lleva, lo lleva en
su corazón y en su mochila.
En ella lleva ilusiones, dolores, esperanzas,
Sueños; los muchos recuerdos de la abuela,
la seña de la cruz de su madre y su padre,
y las risas de sus hermanitos.
En la mochila, lleva las memorias de sus amigos.
Aquellos muchos juegos emocionantes de futbol,
los muchos goles y gritos en señal de triunfo.
Lleva el recuerdo se su primer amor.
Va con el rostro en alto, dejando todo atrás,
avanzando adelante sin voltear,
sabe que si voltea el recuerdo lo puede traicionar
y le da por llorar.
Él conoce que luchar es su fuerza,
el sabe callar, su mochila habla por el.
En cada paso su mochila se transforma en alas,
en orgullo, aliento e inspiración.
En su mochila, carga
la estampita de Santo Toribio
que le da alivio.

EL COMIENZO

Maestro,
el geólogo dice, «aquí nació la tierra».
El filosofo dice «aquí surgió el primer pensamiento».
El oceanógrafo dice, «de aquí surgieron los primeros mares».
El astrónomo dice, «allá se formaron las
primeras estrellas y planetas».
El matemático dice, «estos fueron los primeros números.»
El científico dice, «estos fueron los
primeros átomos y moléculas».
¿Y usted qué dice?
El Maestro:
--Lo mismo que dice el teólogo,
«en todas esas propuestas, Dios es el comienzo y el final».

UN TE

Un día el discípulo que tenia una amiga que estimaba mucho
y como aprecio a su amistad deseaba obsequiarle algo.
Pidió opinión al Maestro.

El Maestro:
---«regálale un te»

Sorprendido, el discípulo le pregunta:
--¿Un té de yerbas?

--«No,
regálale un
Te quiero,
Te estimo,
Te agradezco,
Te aprecio,
Te extraño,
Te puedo ayudar,
Te necesito,
Te valoro».

--«Es el mejor regalo que puedes ofrecer
a tus amistades y perdura
por mucho tiempo.»

TU NOMBRE

La memoria a veces falla.
No recuerdo cuando,
pero hace tiempo que te descubrí
y luego por primera vez
tú nombre escribí.
Desde entonces,
tu nombre está en el árbol,
navega en el rio,
crece en los campos, en los desiertos,
montañas y colinas;
viaja en el viento y las nubes;
cae con la lluvia para regar las flores.
Se escribe en los cantos de amor,
de amistad y fraternidad,
y se quedara para la eternidad.
Lo más difícil ha sido vivir cada letra de tu nombre.
Escribir tu nombre en el corazón ha implicado
tiempo, compromiso, disciplina, cambio,
perdón, gratitud, dolor, alegría, pasión y sacrificio.

VIAJE TERRENAL

La vida, le damos la explicación más razonable
y sencilla posible para que se más llevadera
y placentera, como lo es un viaje de placer.
Al verla como un viaje, el día que comenzamos
este viaje es el día en que nacimos.
Comenzamos abriendo la boca para tragar
una bocanada de aire que nos señala que estamos vivos.
Este nacer y viajar en este mundo, el
aquí y ahora de lo terrenal.
Desde el momento de nuestro nacimiento,
vivir es una obligación.
Comienzan todos nuestros deberes.
Los deberes se vuelven en necesidades.
Las primeras necesidades y obligaciones
para el viaje son, espirar y comer.
Estamos obligados a caminar
y nuestro deber es aprender a caminar bien.
Obligación de caminar por el resto de la vida.
Aparte de usar la boca para comer, la vida también
nos exige hablar por el resto de la vida.
La dicha de escuchar es para conectarnos
con el mundo en todos sus ritmos sonoros.
Nuestra obligación es aprender de nuestras necesidades
y obligaciones del viaje para hacer el viaje terrenal
más placentero y grato para todos.

DIGNIDAD Y HUMANIDAD

Vivir para ser libres, y ser libres para vivir.
La verdadera felicidad es el fruto
de la obediencia a nuestra libertad.
Ser felices es vivir libres
y ser libres para ser felices.
La verdadera libertad es el fruto
de la obediencia al respeto del otro,
de su integridad, dignidad y humanidad.

EL FRUTO DEL AMOR

La semilla ama la tierra;
el fruto del amor de la semilla
y la tierra es una planta.
El pensamiento ama las letras;
el fruto del amor del pensamiento
y las letras es la poesía.
La abeja ama la flor;
el fruto del amor de la abeja y la flor
es la miel.
El caminante ama el camino;
el fruto del amor del caminante y el camino
es el destino.